AYER SOLO AYER

ExLibric

CARMEN PARRA RUIZ

AYER SOLO AYER

EXLIBRIC

ANTEQUERA 2016

CARMEN PARRA RUIZ

AYER SOLO AYER

Índice

PRÓLOGO

Cuando una persona como Carmen Parra te llama y te pregunta: "¿Quieres realizar el prólogo de mi próximo libro?"; simplemente, no puedes negarte. La primera de las razones se ampara, obviamente, en los lazos emocionales —lazos de amistad- que te unen a esa persona. Pero hay más razones, claro, entre las cuales no deberíamos establecer escala de valores, pues todas ellas tienen su idoneidad y significación. Por ejemplo: hemos compartido espacio poético múltiple – POESÍA PURA; LADY HALCÓN y, sobre todo, AIRES DE LIBERTAD. Nos hemos leído pues, mutuamente, nos hemos comentado abiertamente y, cuando ha sido preciso, nos hemos criticado amparándonos en la fortaleza de esos lazos emocionales de los que hablaba al principio. Sabemos, y no soy jactancioso, también de qué va la cosa. He leído todos o casi todos los libros que Carmen ha publicado. Me disculpáis si no reconozco ahora su orden cronológico., pero he gozado o sufrido, como paso previo a la paz que los versos concitan, con "Desnuda de tiempo"; "Con el alma desnuda"; "A piel descubierta"; "De ausencias y tierra"; "Desnuda de soles"; "Publicado en el viento"... y con algunos títulos más que constituyen una obra poética prolífica dentro de la humildad de una persona a la que todavía le cuesta llamarse "poeta".

Hablemos pues de poesía. Porque este nuevo poemario que Carmen Parra nos presenta, por su título – "AYER, SÓLO AYER"- invita a pensar en tiempo, en nostalgia, en amor...Y sí, pero no sólo. Carmen, desde sus primeras obras, ha madurado en lo personal y en lo poético hasta atreverse a hablar del verso con la autoridad que le confieren sus propios sentimientos:

> "...aun así
> siempre es inédito el verso.
> A veces penetra
> desclavando sentimientos;
> otras delata injusticias,
> intenta prenderles fuego;
> se regocija cantando al amor
> derramando seducción en los sueños..."

Versos que son un ejemplo de una plausible osadía, porque va siendo hora de que la poesía salga de los cenáculos de intelectuales y críticos para retomar las calles y caminos – como hacían los juglares – sin temor al "¿qué dirán?"

> "...me pregunto, a veces, ¿soy poeta...?
> Me siento poeta aunque naufrague
> o se seque la palabra antes de asomar..."

No, la palabra asoma con toda frescura y autoridad, hasta el punto de que ciertos poemas están constituidos por un solitario verso o unos pocos que constituyen toda una desiderata de amor y de entrega:

> "La mesura de tu mirada es el mar donde quiero zambullirme";

O bien:

"El roce de tu vientre alborota mi oleaje".

Parece claro: el amor para Carmen Parra no es un sentimiento mensurable - si es que algún sentimiento se puede medir- y sí un compromiso madurado con la entrega propia a la persona a la que se ama:

"Mareas dentro de mis entrañas;
oleaje perverso con sed de ti...
…
...habitando las profundas grietas
besos de agua,
yo mujer concebida para amar."

Este amor, llega a lo sublime poético en composiciones como UNA MUJER:

"Una mujer sin tiempo está sentada
en un banco del parque,
le brillan los ojos
y le cantan los pájaros...
…
… tan perdido como la mujer que espera
no sabe que
y, que se le han descolgado dos lágrimas
mojando las manos que acariciaran ayer
la piel que amó."

Habla Carmen, ya lo hemos dicho, de tiempo: "ayer" dice en el penúltimo verso que precede... y ahora, como tantas otras veces tiempo y nostalgia se rozan hasta que el lector contempla su propio espíritu sumido en recuerdos ...

> "...Sé que es un tiempo perdido;
> un diálogo mudo;
> que son hojas de almanaque llenas de
> melancolía...
> He aprendido nuevas palabras:
> un vocablo de trompetas
> que sin mordaza tocan con fuerza, gritando
> te quiero."
> "Ayer"; "tiempo perdido"... Y "renacer"
> "Estoy renaciendo desde la cicatriz
> que aún gotea sangre
> y oxida las agujas del tiempo...
> ...
> ... Hoy sé que fuimos
> actores de un ensayo para la vida".

Y la vida, para Carmen, es más que un regalo: un privilegio que se debe disfrutar :

> "Que la vida es un privilegio, lo sé;
> que formamos parte del universo
> y que éste nos abraza, lo sé;
> sé que nos ata con ojales de ternura..."

He llegado donde quería, En "Ayer, solo ayer" encontraréis poesía profunda y apasionada,

"...el océano tiene nombres que sólo nombran las mareas."

Y encontraréis una dosis importante de ternura: la misma que reviste a una mujer capaz de entregar sus horas y su esfuerzo en ayudar a los demás. Carmen es una persona con fe. Y esa fe es consustancial a todo lo que hace. Afortunadamente su poesía se nutre de ello. Y espero que durante mucho tiempo más siga siendo así:

"...en mis manos no sentiré la culpa
ni romperé con enojo las dulces notas del violín..."

Pascual López Sánchez.
Murcia; Octubre 2016.

AGRADECIMIENTOS

Quiero cantar a la vida agradecida

Por la familia que se me regaló, por mis raíces que me han dado tanto...

Con aleluyas canto:
Por la familia que Tú y yo creamos y que son el pilar más importante de mi vida.

Llena de felicidad doy gracias por los ocho nietos que ahora en la etapa otoñal, son capaces con sus risas de llenarme de ternura y esperanza

Gracias también a la amistad, a los que están y los que estuvieron, a todos
GRACIAS

A Pascual López Sánchez,
amigo y poeta
con el agradecimiento que hoy
viste mi alma por sus palabras.

A ti que me conoces
y tiempo atrás exploraste
mi alma,
que sabes que el otoño
gatea mi ventana,
y sabes que soy,
mujer de noble metal
que viste piel y mirada, con aromas
y color de acacias
que me gusta pisar firme
la arena blanca
Quiero que sepas
que en ella, voy a escribir solo una palabra
solo una, para darte las gracias
así agradecida, llego a ti esta mañana
gracias por tu amistad
poeta de alma blanca
por la franqueza en tantos años
por la fuerza al librar
batallas
Quiero dejarte hoy aquí
solo una palabra
Una, que confina todo lo que
tutela mi alma.

GRACIAS

C. Parra

Ayer solo ayer

A MIS NIETOS

A todos mis nietos
Sin olvidar los momentos de dicha con los que han llenado mi vida

El tiempo que confina regocijo y silencio,
empinando sabanas de bruma,
oxigena el amor que os tengo
y desvela, que fácil es atarse a las emociones
desabrochando sinsabores.
              De vosotros guardo: // las sonrisas
con las que habéis teñido mi alma,
ellas han anidado en mis pupilas
apretujándome en abrazos//
Sois vosotros los que sell**áis las grietas**
y el dolor de la distancia
  Os miro, con la memoria estremecida
porque sin proponéroslo
habéis jaspeado mis ojos de asombro
labrando en mi memoria
vuestros nombres
y remendando mi piel, están vuestras caricias
en lo más oculto de mi misma
sin tiempo ni espacio
el milagro del amor que resucita
cada mañana, dejando vuestras voces,
en mi garganta prendida.

AYER SOLO AYER

Ayer
solo ayer,
yo jugaba a la comba
a los cromos y las muñecas,
De pronto, me encontré en
un hábitat desconocido
con sensaciones nuevas, que
me sorprendían,
Mi carne se descubría
en oleadas y ansias, por estrujar otra piel,
fuerzas innatas en mí,
se alojaban abriendo sueños,
poniendo nuevos matices a mi vida
que la llenaban de asombro.
La mujer que asomaba
tímida y temerosa,
aún guardaba en su interior
un corazón inocente,
que comenzó a escribir versos
al hombre
al amor
y a los deseos,
       Cuando desperté... fui tierra en ti.

VOY A CONTAROS

Voy a contaros de mi vida,
de la infancia no olvidada,
de la ternura, con la que me sentí abrazaba
No hubo prodigios en ella
pero si, lirios en mi ventana,
fueron regados con amor
y su aroma, invadía la casa,
Un canto de jilguero
despertaba mis mañanas
poniendo música al día, que comenzaba.

//El jilguero cantaba en su jaula//

Lo hacía como ruiseñor,
engreído de su mejor sonata,
yo, quise contar que sentía
al estar enamorada,
deciros, del primer toque de amor a mi puerta,
y... ¡como ¡temblaba!
¡qué nervios, que revoloteo de alas!
Me moría por rozar su piel
y descubrirme en su mirada
abrazando, su morena carne impaciente...

// El jilguero, cantaba en su jaula //

BARRIO DE CAPUCHINOS

Tus calles me vieron nacer
        Barrio de capuchinos,
tú conoces mil historias
conoces bien sus destinos,
por eso te quiero, Y… ¡cómo te quiero!
        Barrio de capuchinos.
En tus calles, tímidamente,
asomaron mis sueños,
con fuerza, a mis amigos me até,
en ellas viví mi adolescencia,
conocí mi amor primero… ¡casi de niños!
        Mis risas... a diario pisaron tus piedras.

Alguna que otra lágrima besó el camino,
a escondidas, di mi primer beso,
a escondidas, mi primer abrazo
fantaseé que era golondrina al alzar mi vuelo,
y tomar altura.
        Tú, barrio mío... eres mi dulce capricho,
en mi alma, siempre te llevo,
sé que guardas mis suspiros,
que soy parte de tu historia
y eres sol en mi camino,
por eso te quiero, y... ¡cómo te quiero!
        Barrio de capuchinos.

ES ANDALUCÍA

Es ANDALUCÍA paraíso terrenal
ocho perlas, por provincias
de belleza, sin igual...

ALMERÍA, se adorna de playas vírgenes
sol y alegría

CÁDIZ, tacita de plata, en las noches
se viste de blanco... y brilla con luna de nácar

CÓRDOBA, embruja con su mezquita,
sus palacios, sus patios, raíces mora y judía

La Alhambra y Generalife, son la magia de GRANADA
un manto blanco de nácar, cubre Sierra Nevada.

HUELVA, la fuerza de sus fandangos
si eleva su cante al cielo, hasta el aire se va enamorando.

JAÉN y sus olivares, se viste de verdes campos
su licor de aceite, como al oro hay que mimarte.

MÁLAGA, canción y perla del mar... tierra gitana y mora
Puerta Oscura, Gibralfaro y un sol que nos enamora

Y como una perla más La giralda de SEVILLA,
Su Torre del Oro y Parque de María Luisa...

FUI UNIVERSO

Fui universo en tus manos,
moldeable barro en tus dedos,
blanco nenúfar de lago, cerrando abrazos
a la cintura de la noche.
Ambos fuimos aurora
origen de ternura, que
jugando a ser dioses
Salpicamos caricias a ráfagas,
de viento crecido.
Nos pensábamos pequeños al abrazarnos
y, enorme al amarnos en un campo de trigo,
fuimos creadores de vida
fue milagro, lo que descubrimos
Los besos eran bocados de lluvia
y el cosmos fue testigo.

Y NACIERON MIS HIJOS

Y nacieron mis hijos,
palpitantes y llenos de risas,
nacieron,
complaciendo nuestras vidas,
y llegaron,
abrazando nuestra sangre,
navegándola entre sonrisas,
ellos son en el bosque de mi vida
alta y fuerte palmera,
primavera siempre florida,
trajeron laurel en sus manos
estrellas, en miradas y risas.
Mis manos febriles, acariciaban las suyas
pespunteando en mi alma, esponjosas caricias.
Mi boca no dejará de dar gracias
cantando Salmos, con el arpa de mi vida
Gracias, por la nueva tierra bendita
que preñó y estremeció la nuestra
de dulces fantasías.

SIGO GUARDANDO MEMORIA

Después de tantos lustros, sigo guardando
memoria de ti,
de aquellas primaveras en las que florecían
besos de tu boca,
Tus manos en mi piel estremecida, hilaban sangre y sueños
una vida sin lágrimas,
sin frío,
sin ausencia,
sin este invierno que hoy me ahoga.
recuerdo aquel estío en el que tembl**ábamos**,
con un simple roce de piel,
aquellas horas en que la risa nos habitaba,
aquellos instantes,
en que a los ojales de la mirada, asomaba la ternura
apresándonos aquella hambre agazapada, de caricias.

Un día de Mayo, llegó
ese mordida feroz de la ausencia de tus manos
dejándome:
sin la caricia y el mar sereno de tu mirada,
sin que tu piel me cubriera
extraditando de mi cuerpo los deseos,
poseyéndome entonces, un gélido frío...

A pesar del tiempo...
a pesar de las lágrimas,
yo sigo amor, guardando memoria de ti...

AUSENCIAS

Las esquinas de casa guardan silencios,
huelen a herrumbre,
a vieja cal,
a canto hondo de recuerdos.
A quimeras rotas,
a humedad,
Quisiera que recordaras, las iniciales blancas
que un día de sol, bordé para ti,
hoy amarillean caminando adormecidas
oscilando en el aire, olores azufrados de ausencia,
En el porche de casa crecieron malvas,
y entre ellas habitan hoy las arañas, que
tejen su tela, en el terreno
de los blancos alelíes.

ES AHORA

Es ahora,
que no se ajustan tus manos
al vestido de mi piel, que se despiertan
inquietos recuerdos
de cuanto me amaste,
Que nuestra cama hoy vacía de ti,
registra el frio de la ausencia
y me atraviesa.
En la negrura de la noche
aún brilla tu mirada
Y, surge de repente
el murmullo de tu voz,
el ahínco por robarme un beso
que siempre ha sido tuyo.

// Ahora, esta piel mía
     me acosa recordándote //

RECUERDOS

De cuanto me regala el día, hoy
almaceno tu recuerdo
para cuidarlo,
donde nadie lo encuentre,
donde solo yo lo acaricie,
que solo yo pueda oírlo caer
como lluvia,
empapando la tierra viva,
que cuantas palabras he guardado
derriben los silencios,
y en ese lugar donde te encierro
a veces árido, a veces hielo
crezca una flor que lleve tu nombre.

36

La mesura de tu mirada, es el mar donde quiero zambullirme

ME TURBASTE

Me turbaste memoria
reflotando mis recuerdos,
me inquietaste
al hervir con fuerza mi sangre.
Tiempo atrás pensé
que se había secado la hierba,
que la cuesta abajo de los sentimientos
era inevitable,
que se había borrado de mi retina
todas tus imágenes,
que el frío que me cubría sería eterno
pero hoy
despierta la memoria,
deja una espuma blanca
en los mares revueltos de mi vientre,
y trepa en la pared de mi ventana
la hiedra de la ternura.

-Bendita memoria que me devuelve la vida-

ENTRE MIS UÑAS

*Este poema tiene un son
que no es el suyo*
JOSÉ HIERRO

Llevo entre mis uñas rayos de sol,
en mis manos un puñado de versos
que hoy caminan confundidos...
La música que lleva, está equivocada,
quisiera que llevara
la sintonía de cada beso,
que dibujara el compás de cada abrazo,
la sonata de cada mirada,
y que ambos lleváramos...
la misma cadencia.

ELIJO

A pesar de todo,
elijo cuidar tu recuerdo,
quiero repetidamente, seguir
escribiendo tú nombre,
cruzar a tu sombra el puente de la vida, con la
misma inocencia de los primeros años,
con los primeros besos robados o no,
que quise guardar.
Si posible fuera, elegiría como el mejor momento
aquel mes de Julio,
y el choque de los cuerpos,
la pureza, dentro de la pasión
y el loco deseo, de estar mecida en tus manos
sintiéndome en ellas, flor de verano
naciendo, del impulso de tu río...
Tú me convocaste y acudí sin dudarlo
con tu nombre escrito en la piel,
y mi lengua...
besándolo al pronunciarlo.

OS HABLARÉ

Os hablaré de un campo de trigo,
de la suave mecida de los juncos en el río,
del aroma que desprende el azahar
y el color de los naranjos,
Os diré que voy a desnudarme de lo superfluo
para vestir el calor de los días,
el calor de la amistad,
el fuego de los sentimientos.
guardando, el valor indestructible del instante
en que te abrazo.

AYER NO

Ayer no,
pero hoy, me gustaría decirte
que te acerques,
porque te quiero.
Ayer no
pero hoy necesito,
darte un beso,
quiero libremente decirte,
que no puedo sentirte lejos,
que hoy…, justo hoy
no quiero ser, jardín de invierno,
quiero decirte que
me agito si te pienso, que
anhelo igual que ayer
preñes de anhelos los sueños
y acoples a tu piel, gemido y aliento
sé que la noche nos disfraza
y que la ajada piel deja de serlo
porque la sigilosa noche
nos tapiza con misterio.

EL TIEMPO

He descubierto que el tiempo,
tiene sombra,
que tiene manos que acarician
y secan lágrimas.
Que mece los aromas, como si fuesen abanicos
y que viste la tierra, con nuestras pisadas.
He descubierto también, que el tiempo,
no borra recuerdos,
que siguen sonando a música, aquellas palabras
de madrugadas lejanas,
y te pienso en la cima más alta,
oteando la luz que llega,
de los diferentes espejos,
Sé que pisas mis caminos
y analizas mi soledad,
También he descubierto, que hay un corredor de palabras,
que llueven misericordia,
que guardan los suspiros de ayer
y que no logran ocultarse,
por mucho que lo intentan.

43

Lloran las nubes sosegadamente el llanto del poeta

EL VERSO

A veces… ¡puedo!
aunque no siempre nacen
las palabras como quiero,
aunque lidien lo vulgar,
aun así...
siempre es inédito el verso.
A veces penetra desclavando
sentimientos,
Otras delatan injusticias,
intenta prenderles fuego,
se regocija cantando al amor
incitando los sueños
mece su palabra en las olas,
se eleva rizando el viento,
luego de recorrer mucho
si quizás colisiona en tu pecho,
susurra mientras te abraza
palabras de amor eterno,
puedo ser siempre el eco de tu nombre,
los flecos de tus besos,
tardes azuladas
después de cada encuentro,
también soy, y tú debes saberlo
el vacío de las horas
después del desencuentro,
    ¡soy el verso!
        que ríe y llora al mismo tiempo.

PAZ

No seré yo quien ponga límites
o levante muros,
que arranque o asesine la flor.
Más bien levantaré puentes
que acerquen posturas
mimando la rosa.
Quizás, un viento que arrastre el verso
y este brille con verdad
brotando azucenas.
Alargo mi mano para tocar
la tuya,..
tomando la flor de la primavera,
Unificando los aromas
en una sola palabra.
    Paz...

VIAJERO INCANSABLE

Hoy el pájaro del amor vuela alto,
cruza el agua,
y aunque la lluvia moje sus alas,
en sus trinos, testimonia
un bello canto de amor y esperanza,
Es viajero incansable,
de alegre canto,
que surca el aire en libertad
que viene y va,
que acerca mensajes de ternura,
y el calor de los abrazos de ayer
que hicieron masa,
en los vacíos de mi carne.

AQUEL DÍA

Fue un tiempo, en que
las acacias invadieron el valle,
y el amanecer dio la bienvenida
a las alondras, que volaban
de acá para allá, llenando el cielo.
El sol de invierno, prendió caprichoso
mis labios de deseos,
su fuego, derritió la nieve de los silencios
y el agua derramada, creó
en lo profundo del bosque,
el lago de los nenúfares muertos,
éstos espoleaban mis ansias de ti, y
ya inmersos en la ola, quise guardar el secreto,
borrar quise la huella de nuestro fluidos,
silenciar los gemidos,
sofocar el fuego,

La mirada, se derramaba en el espejo
donde quedó fija tu imagen.

TE CONOCÍ

Te conocí una primavera cualquiera,
sosegada era tu palabra
fresca como un arroyo,
como un jardín de promesas
quise encontrar en ti, sosiego
y paz para el alma,
busqué en tu palabra
que hoy camina descalza,
la libertad de los pájaros,
el molino de la promesa,
requiebro en la ternura,
y que el latido de tus manos
prendiera la caricia.

// Hoy esparcida al viento... vuela como ceniza //

EL VERSO DE LA VIDA

Asoma la mañana
con sabor de abrazo,
tus manos dejaron en mi cuerpo
olor a laurel.
La música del beso perdido
aún suena en mis oídos, y
me abraza una burbuja ingenua,
que también encerró el eco de tu voz,
mi latido suena rítmico
recordando el tuyo,
solo el verso de la vida y tu recuerdo,
logra que siga participando
en esta obra,
como protagonista de cada acto
 -llena de luz-

ANTES

Antes
mucho antes que croaran las ranas
o cantaran los pájaros,
yo te amé.
Desde un pliegue de la vida,
te imaginé
te dibujé,
te deseé.
Desde el oscuro vacío,
sin que existiera el mundo para mí,
ya latías en mi sangre.
Fuiste esa explosión de luz y sueños
que movilizó mi nada
enamorándome de ti.
Fue muy fácil Imaginar quimeras a tu lado,
el eco de tus versos no escritos
me llegaba desde lo profundo del mar,
y mi corazón brincaba ilusionado
en un campo de margaritas.

SI FUERAS MI PAREJA DE BAILE

Me pregunto:
qué pasaría
si fueras mi pareja de baile,
Si fuesen tuyas todas las caricias
que llevan mis gemidos.
Si tus manos se dejaran caer, sobre
la seda que cubre mi piel
y fueran tus dedos, los que trenzaran
mis cabellos.
Qué pasaría si me despertaras con un beso
¿y porque no?
con un insolente y atrevido abrazo,
Me pregunto: si el lago es rosa realmente
o es mi fascinación lujuriosa
la que alborota, la noche y los colores,
te sugiero que calles ahora,
que no digas nada,
Deja que la noche brinde con la coreografía
de nuestra danza, y recoja
cada uno de nuestros suspiros.

Deambulo la palabra
Acompaño el vuelo de los pájaros
Y registro en mi entraña, el desmayo y el deseo,
¡de la carne!

CUANDO FUI PÁJARO

Cuando fui pájaro cantaba para ti,
y si volaba el jardín, era buscándote,
si en el vuelo atravesaba la lluvia
lo hacía, para encontrar tu sonrisa,
y entonces...-se obraba el milagro-
en mis ojos de alondra, asomaba la ternura,
y en mi boca la sonrisa.
Hoy que soy mujer, te pienso
te escucho como música
y abrazo hasta tu silencio,
y es que me gustas,
es que te quiero,
por eso guardo acrisolados
los últimos besos de tu boca,
He abierto la puerta, para que escape
la ausencia,
mira que te estoy abrazando
como la hembra que te desea,
como la fiera que anda al acecho,
y necesita que me traigas
estrellas que adornen mis senos,
quiero dejar prendido en tu boca un bocado,
--con la palabra te quiero--

TE QUISE

Te quise desde la hondura,
desde mi fragilidad,
como dogma guardé tus palabras
y en el mapa de mi piel grabé tu fuego.
En tus manos fui cristal
presto a quebrarse.
sabes que te quise desde la ausencia de maldad,
que alimenté tu palabra y la limpié del polvo del camino,
que la puse a salvo en el nido de las golondrinas
y, ahuyenté las sombras de los largos túneles de silencio,
que avivé el fuego de la leña para hornear el verso que nace
y, que dejo en ti, con el beso de los pájaros.
me pregunto a veces ¿soy poeta?...

quiero serlo aunque naufrague,
o amarillee la palabra antes de asomar,
tú, siempre estás ahí, oculto en mis rincones
levantando el viento y mis sueños
para empujar las metáforas,
y gestar el verso.

NO OLVIDES

Cuando el laurel pierda color,
y amarilleen los pétalos de la rosa,
las olas que aúpan el alma,
carguen espuma sola.
No olvides trovador
que estoy apremiando caricias,
que hay hambre de besos
y sed de cobijas.
Que la piel que te ama
quiere mutar en tu alquimia.

SE HA SILENCIADO
EL LENGUAJE DEL AGUA

Se ha silenciado el lenguaje del agua
y el vuelo de los pájaros colisiona con las piedras,
En cambio, el abedul que habita el bosque
ha cambiado su mutismo, por el canto acompasado de sus hojas
que al caer, entonan a contratiempo una dulce melodía de watt

Miro en derredor...
aún conservo la fuerza de la juventud perdida,
los sueños intactos,
y mi pelo se trenza con nardos para ti cada noche.
Mi camino es claro, recto y sus bordes llenos de amapolas
cierto que camino sola, y me siguen sombras que,
proyectan en el jardín historias antiguas
y esparcen flores de nostalgias,
Bosque y agua consagraron un pacto de silencio,
las hojas de un rojo otoño caen abatidas
por la mecida del viento, que columpia sus hojas,
mira, y descubre que cada una de ellas,
trae tallada una letra de tu nombre.

A VECES

Que zumbe en tus oídos el tumulto de las calles,
que el aire acerque mil susurros
o, sentir que la gente te rodea... de nada sirve
porque *tú, te sientes sola y envuelta en silencio*
Aprendí que estas sensaciones, formaban parte de mi duelo,
descubrí entonces el misterio de las voces de los árboles,
la *música de las aves,*
sentir cuándo el viento me abraza,
o cuando las ramas del naranjo,
te hace cosquillas.
Aprendí el valor de cada cosa,
a quererme por lo que soy,
a sacar de los túneles de sombra, los recuerdos
de lo vivido ayer,
a mostrar en el espejo del agua
las risas ocultas, y como milagro
tu mirada de primavera,
entonces...
soy agua y me derramo en ti.

MUCHOS AÑOS

Muchos años visten mi piel,
muchas noches contando estrellas,
insomnio en los relojes
y desasosiego en la carne,
Te espero sobre pétalos de rosas
envuelta, en aceites de erotismo
con sonrisas de vino caliente
y mis manos ansiosas de ti,
Yo, la paloma que se inmola
esquivando los abismos,
quiebra sus alas, en
el corredor de tu sangre.

FRÁGIL O NO

Frágil o no,
de mi mano
comieron los pájaros,
De mi boca
nacieron palabras,
versos como crisálidas, que
validaron mis besos,
Una mirada sin olvido
te grabó en mi retina
rompiendo el hielo,
y en el azul que se abría
de golpe
volaron mariposas.

SÉ

Sé que guardo de ti, el recuerdo en carne viva
de aquella historia,
la lágrima abierta que resbaló dejando cicatrices,
y la ropa que aun late en el cajón de la mesilla.

Es imposible esperar que asome de nuevo el alba
con tu alma evaporada,
con la mía rota buscándote en los desiertos, siguiendo
la nube blanquecina del humo de tu cigarro.

¿Qué me queda de ti entonces?
tu figura lenta caminando en la lluvia,
el vértigo de aquellos besos casi olvidados.
y tu palabra desdibujada al filo del declive.

Antes, mucho antes que se troncharan los caminos
era fácil dibujar un remolino, pero salir indemne de el
es imposible, porque pierdes en los giros la ternura
y el recuerdo de los besos.

NENÚFAR

Tu color es el color del agua,
oh cuerpo del lenguaje
adonis

Aquella primera noche
dejaste con amor,
un nenúfar blanco
sobre mis sábanas.
Su lenguaje, era caricia
seducción en
mi piel,
que aún hoy, después de tantos años
me abrasa,
su color sigue siendo blanco
transparente, como el agua clara.

Cuantas veces desperté sobre tu vientre
Con tus manos trepando mi piel
Abriendo puertas al templo del deseo.

EN LA ROCA

Las gaviotas ajenas a mí
vuelan sobre el mar,
y, yo de pie sobre una roca
respiro la brisa de la mañana,
Miro el mar, y huelo a sal
Aspiro feliz el aire mientras sonrío,
la belleza, se derrama espléndida y mágica
como un maravilloso espectáculo.
Los peces ajenos a su pequeñez
se mueven ebrios y brillantes...
yo, observo y pienso
en lo efímero del tiempo,
lo eterno del azul que contemplo.

La mañana avanza con aromas de mar,
el ocaso ganará un nuevo pulso al día
y dejará caer una lluvia de aromas, laurel y azahar.

ERES TÚ Y SOY YO

Un día descubrí qué amar
es caminar recto,
despojarse de curvaturas,
de tropiezos,
de mentiras, de recelos,
amar es juntar las manos
y experimentar sin miedos,
Es como una música de Wagner
elevándote al cielo,
Dos bocas unidas beso a beso
y un abrazo apretado
mientras se baila un bolero,
el amor eres tú... y soy yo
Solo los dos
el universo es nuestro...

TENÍA LAS PERSIANAS BAJADAS

Tenía las persianas bajadas
y de pronto,
con fuerza,
asaltaron mi cama tímidos rayos de sol,
derramándose, sesgados y templados,
sobre mí, besando mis pestañas,
reptando suave la geografía de mi piel,
poniendo de pie la musa,
que estaba arrodillada.
vistiendo de luz, mi desnuda palabra.

OCULTO

Hace años que te ocultas
en las grietas del tiempo,
pareces jugar sacudiendo
silencio y palabra.
y aunque yo lo niegue
aunque **tú te ocultes**, ahí estás
ensamblado en los pliegues
de mi memoria,
en cada esquina de
mi cerebro
chocando las paredes de mis venas
sacudiendo sangre y deseo,

SIENTO

Siento el latido de la vida
como música de violines,
y la mirada del ser humano,
como notas de guitarra
ahuyentando el desaliento.

TE DESCUBRÍ

Te descubrí entre las espigas
cuando pintaba un campo de trigo,
la fijeza tierna de tu mirada, me barría toda
como en un vuelo de golondrina,
Desde entonces la guardo
como remanso de paz, en mis ojos de otoño,
por eso ¡Quédate!
Es preciso que tus manos
rompan los limites,
que no haya hendiduras ni oleajes
en el mar dorado de las espigas,
que el albor de cada día nos regale
por encima del viento y las nubes.
Por eso **¡Quédate!**
la distancia no existe.
En este laberinto que es la vida
seamos un ramillete de caricias
el pentagrama de la mejor música
jamás escrita, jamás tocada.

IMPOSIBLE

Imposible que sepas, lo que significa
cruzar el puente viejo...
buscándote
sin tener una pasarela firme, que impida
mi caída al vacío
He caminado territorios oscuros,
he apretado los puños,
mordiéndome los ojos,
clavando mis uñas
hasta brotar la sangre,
dejando huella a los pájaros
que comerán mañana de tu mano.
Sé que es un tiempo perdido,
un diálogo mudo,
Que son solo, hojas del almanaque,
llenas de melancolía.
He aprendido nuevas palabras
un vocablo de trompetas, que sin mordaza
tocan con fuerza gritando,
te quiero.

SED

Frágil y honda,
suena mi voz cantando a la vida…

Desde los túneles profundos,
desde los pliegues de mi piel,
fluye el cristal que proyecta la hondura
de los sentimientos.

Ellos redondean abrazo y ternura…
el fluir de los sentidos,

La llama de la leña prendida
aleja las sombras, que con ironía,
reflejan tonos diversos, que se estiran y,
alargan por las paredes de casa.

La tierra, la voz y la raíz de mis versos,
emprenden una carrera vertiginosa
por los túneles de mis venas.

Siento la sed del desierto,
la humedad del rocío,
y el deseo desbordante de poseerte
como rio crecido.

El roce de tu vientre alborota mi oleaje

NO IMPORTA EL LUGAR

Cualquier lugar es bueno
para leer tus versos,
para agarrar el tiempo
y, permitir que tus dedos
dibujen filigranas
en el telar de mi piel.
Un día, no sé cuándo,
sentados a la sombra
nos abanicará la ternura,
La humedad de la hierba
y el olor de la flor, que
deshojan mis dedos
bendecirán el tumulto
de tantos besos con sabor
a naranjas.

NO ENVEJECEN

Me impresiona comprobar, como la memoria,
recoge los más nimios detalles de la vida
y los protege con alas de mariposas
dentro del alma.
En los más ocultos rincones, hay recuerdos
que encienden luces de primaveras.
No es verdad que envejezcan estos
con el tiempo,
me doblo ante tanto sentimiento
que reflejan los espejos
y, la música de tu voz,
lujuriosa
derramando en mis oídos versos,
y en mi vientre caricias.

SI POSIBLE FUERA

Si posible fuera,
nacería de una lágrima
una lagrima, que resbalara tu cara,
lágrima silenciosa
que al caer, besase insinuante
los bordes de tu boca,
Si posible fuera,
alejaría la soledad de ti,
desvanecería los silencios
y encendería primaveras,
nacerían campos de margaritas blancas,
y algún que otro naranjo
que expandiera su aroma sin titubeos,
como si de música para amantes
se tratase...

UNA MUJER

Sentada en un banco del parque
hay una mujer sin tiempo,
le brillan los ojos,
una gota que parece lágrima
cuelga de sus pestañas,
oye el canto de los pájaros,
sus ojos de mar, miran
la caída de las hojas de otoño,
baja los parpados y piensa
en el invierno que se acerca,
en la niebla que ocultará los perfiles
de los árboles.
Siente la música de las hojas al ser pisadas,
hay risas en su boca de manzana
al oír, el zureo de las palomas,
su sonido, acaricia la piel de su memoria
y sonríe, al contemplar un paisaje desnudo
de árboles sin hojas.
Los pájaros andan perdidos,
tan perdidos como la mujer que espera
no se sabe que
Se le han descolgado lágrimas
mojando las manos que acariciaran ayer
la piel que amó.

TODO FUE PROGRAMADO

Nos encontramos, y no fue casual,
todo fue programado desde mucho antes.
Debíamos encontrarnos y descubrirnos
sin tiempo,
sin ropajes,
sin relojes,
sin miedos,
solos tú y yo,
vertiéndonos en la noche como nubes de espuma,
en trémulo estallido
dejamos de ser hombres, para creernos dioses.
Aspiramos los perfumes de incienso que van al cielo
y las sombras dejaron de serlo tomando vida,
destrozando la oscuridad engañosa
que rompería todos mis crepúsculos.
Al doblar la esquina del recuerdo
se pierde tu sombra,
los pájaros perdieron el horizonte y caen contra los tejados,
a pesar de todo, pese a todo,
estaba programado que así fuera
y yo,
sigo entonando mi canto y danzando
el baile de la vida.

TU VOZ Y MI SILENCIO

Tu voz y mi silencio, hacen sombra
al caminar juntas, tomadas de la mano,…
son atrevidas,
quieren despertar la ternura
que bosteza y reposa,
en los absurdos rincones
donde ruedan las caricias cuesta abajo,
acariciando, el dolor de la renuncia,.
Los tiempos de primavera deberían ser eternos,
las hojas del calendario pausadas,
y, los balcones de mi alma sueñan
con estar llenos de sol.

QUISIERA

Me gustaría escribir un poema perfecto
sin sombras
sin rebeldía
emotivo
sin quimeras
Un poema, en el que sea capaz de juguetear
con las palabras, antes que broten
sin enmascarar sentimientos,
moldearlas a mi antojo,
dar libertad al vocablo, para narrar mi historia como la viví,
con sencillez y ternura.
El amor galopando mi sangre, hablando de ti y de mí,
poniendo el énfasis en lo que significó
que llegaras a mi vida, y los colores que pusiste en ella,
En lo pequeña que me sentí en tus brazos
y lo grande que te imagino siempre que te pienso,
tú sabes que se rompieron mis palabras
antes que de mi boca nacieran.
Tú sabes que fueron para ti un río de emociones,
y que la ausencia de tu voz quebrada
secó el agua de aquel amor
quedando solo las piedras,
Muy a mi pesar
me asalta una y otra vez
seguir escribiendo te quiero
en cada esquina, en cada papel,
aunque no me oigas.

Remota tu voz
Remota tu piel
Remota tu palabra
¿Dónde la cercanía del beso?
¿Dónde el poema?

ASUMIR O NO ASUMIR

Asumir o no asumir... ¡Esa es la cuestión!
¿cómo hacer para abrazar la noche sin tristeza?,
Quiero que mis ojos muestren el brillo de la mañana,
sin que de mis pestañas se descuelguen
enmarañadas lágrimas.
    He ganado en buena lid al dolor...
ahora, un sol de primavera brilla con fuerza,
y el olor del laurel, llega a mi ventana,

El canto del jilguero quita mis temores,
y las golondrinas volverán a cubrir
los cielos cada mañana,
    //Cada día es único//

CAMINAMOS JUNTOS

Tú y yo caminamos juntos cortas sendas
pequeños caminos
Aun así
en mi memoria no eres efímero
Recogí cada una de tus palabras
y trencé con ellas raíces vivas
que abrazan mi cintura,
//sin olvido//

SUBIR

Tendrás que ayudarme a pasar
la puerta del silencio,.
A palpar la vida dejando que fluya
la esperanza.
Quiero descubrir nuevos espacios
contigo.
Subir las escaleras con ese punto de ilusión
que paso a paso, escala alturas,
descubre, que estoy asomada
a la baranda de los sueños,
los suspiros y la magia aquella
que dejó tus manos en mi piel.
Quizás llegues a oírme, pronunciar tu nombre,
lo he gritado mañana y tarde
una y otra vez…
hasta que queddó colgado
en las estrellas.

LLUEVE

Un día más que llueve
y deja soledades,
El agua que moja la piedra
murmura tristeza,
y la lágrima que resbala
rompe la sequedad, de cada arruga en la piel.
El polvo que levanta el aire
arrastra, el llanto de los niños
por un mundo que cae
y, se desploma al desaparecer,
la rectitud del hombre
Me gustaría volver a ser niña,
sentir la candidez de la inocencia,
disipar las dudas que me corroen
ante tanta vileza,
el egoísmo que rompe la armonía
y decolora la belleza antigua.
Busco manos en calma
que trasmitan paz,
una mirada que ilumine mis días,
cono un hermoso crepúsculo
teñido, con el color rojizo
de la caída de la hoja.

--Contigo surgirá la esperanza—

NO SÉ QUE HACER CON MIS VERSOS

*No sé **qué debo hacer con mis versos**
esta mañana, en la que se ha
detenido el tiempo,
será larga la mañana
los gorriones no cruzan con su vuelo el cielo,
tampoco oigo el saludo del viento,
es una muda mañana, donde solo oigo silencio...*

*Por eso,
no **sé qué debo hacer con mis versos**,
si dejarlos a tu puerta
o que se hagan pavesa en la hoguera,
con mis sueños,
tu bien sabes que en ellos, desvestí el alma
que acompañan a los pájaros de la noche,
que he caminado como gata los tejados
y me he derretido como lágrima,
creando charcos.*

85

Hoy no he abierto las ventanas,
no quiero que el granizo congele
la palabra.
el reloj y su tictac se esfuerzan
en saludar al día
y, clavado en la pared persiste
un rosario de caricias
mil te quiero...¡como jaculatoria!
que adornaran el techo de casa...

Y llegué a ti como la mañana
Con silencio matutino
Mariposas en la mirada
Y las manos sujetando el alba

OTOÑO

Camino pisando las hojas del dorado otoño, llego al bosque buscando ese rinconcito casi oculto que trae a mi alma momentos de paz. En el minuto a minuto he ido derramando mis dudas a veces lo he mojado con mis lágrimas, oculta entre su follaje he ido escribiendo en papel mis cuitas, mis amores, pasándolos por el crisol de las pruebas que robaban a veces mis risas. He ido dejando en cada hoja los distintos matices de la historia de mi vida. Muy cerquita de ese misterioso rincón corre risueña el agua de un arroyo cercano, su música hace temblar mi alma, mientras observo como la suave brisa, mueve las hojas de los árboles, invitando a volar a los pájaros al cielo
Junto a sus bordes, crece fina hierba que salpica de color, las piedras húmedas que lo adornan, en tanto... escribo para ti masticando despacio el amor, que se quedó adherido fuertemente a cada célula de mí ser. Abrazo este otoño... bebo su aroma, paladeo sus horas y aunque da paso al invierno, este y su lluvia con sus días grises, darán paso como siempre a la eterna primavera.

OLVIDÉ

Olvidé que podía morir de frío
al dejar mi calor en tu piel,
Me acunó un temblor de lágrima
que rompió el cristal, nacido sin tiempo
con gotas de lluvia,
Desenroscaste tus manos de mi cuerpo.
y me olvide de mí,
Te hice mecenas de mi fragancia,
de mi sensual delicadeza,
y cuando de mi te soltaste,
me perdí en un bosque de hielo
sin gorjeos,
sin mariposas,
ni aromas de flor,
mis alas quedaron al filo del vacío
inclinándome en vertical.

¿QUÉ LE PASA AL DÍA?

Hoy asoma el día confundido
¿o soy yo la que anda equivocada?
La rapidez de sus horas me confunde
y el rosario de segundos que pasa
me inquieta,
--Van demasiado aprisa--
y cambian el color de los suspiros,
de la esperanza a la desesperanza
de la risa a las lágrimas,
humedeciendo las horas, que resbalan
de sus manecillas a la desesperada
plegando sueños,
y atrincherando el alma.

NO SE SI SABES

No sé si sabes, que el viento y hasta las piedras
me hablan de ti,
que las palabras y los recuerdos que de ti guardo,
son generosos,
que nada he perdido ni perdiste, en aquel tiempo
en que nos amamos,
Fue una primavera de amor, y en ella crecían versos como flores
que nacían para ti.
Sé que ahora ni tú ni yo somos los mismos
seguimos manteniendo oculta, aquella mirada azul,
que ataba el sentimiento,
Comparto ahora contigo, la seguridad de lo efímero de las cosas
y la cortina de humo, que nos separa.

MUCHO ANTES

//Yo sé que me acunaste entre suspiros//

Antes, mucho antes de esta paz y silencio
que hoy me habita,
mil veces...
quise ir a buscarte.
Tu nombre martilleaba mis sienes
obligándome a llevarte oculto, en mis versos
Cuando llegaba la noche,
silenciaba mis pensamientos
y ajusticiaba mi grito.

RENACIENDO

Estoy renaciendo desde la cicatriz
que **aún gotea sangre**
y, oxida las agujas del tiempo.
¿De qué serviría preguntarte o preguntarme
si sirvió de algo cortar el hilo de los versos,
que dejaron de ser fuego abrazando sombras?
Tus ojos dejaron de ser los ojales
por los que yo miraba,
El oleaje de tus caricias fue durante un tiempo,
la razón de mi alegría
alborotabas mi pensamiento,
y frenaban el tiempo
aquietando las horas,
Fuiste mi núcleo
mí desasosiego y mi calma,
Hoy sé que fuimos
actores de un ensayo para la vida...

HE APRENDIDO

He aprendido a desnudarme
de tu cuerpo,
a sacudir tu aliento,
he borrado cada palabra
y quemado tus versos.
Cerré mis oídos, a tus
susurros mañaneros
y aunque la ausencia hiere
he ido adormeciendo la noche
sin ti
Sé que tú, encierras mis besos
que mueren ahogados en mi boca,
que guardas también mis suspiros
en el desierto de tu sangre.
y aunque en distintas fronteras
nace un sol que quiere calentarnos.

ERA INVIERNO

Era invierno,
apenas había despertado la mañana
y, nuestras miradas ya estaban cruzadas
   / No sé si recuerdas /
Pero había ternura en ellas
y de ellas, brotaba fuego.
Era invierno
y solo el murmullo de hojas secas
bajo los pies, rompía el silencio,
ni siquiera el vuelo de los pájaros,
distraía el cruce de miradas,
abiertas al tembloroso roce
de nuestras manos.
Sí, era invierno, pero llegó la primavera,
el calor del sol arrasó el frío,
y nosotros, abrazados a los instantes
ganamos la guerra a la distancia
y los silencios,
Hoy pretenden despertar los sueños de ayer,
y suenan aleluyas
cosido la piel a golpe de besos
Si, era invierno
 ¿y qué?
ahora nos mecemos al filo de las horas

NO ME ARREPIENTO

No me arrepiento de
haber escrito poemas
para ti,
tampoco, de haber cruzado la calle
sin mirar los charcos
para encontrarte.
Recuerdo bien que el semáforo
estaba rojo y lo obvié,
para abrazarte
Me propuse romper tus silencios
y lograr, una explosión de metáforas
y llanto en tus versos.
No me arrepiento
por extrañarte como a la lluvia,
por dejar de fluyan mis emociones
y rueden en pendiente
no me preocupa la vereda de piedras,
porque estoy segura,
que encontraré el camino de la ternura
el recorrido que juntos iniciamos
y que mágicamente interpreta,
la música del arpa.

Si te digo que mi carne, es un amasijo de versos
Y mis caricias un río que busca liberad
¿Qué pensarías?

LA NOCHE

Desde la hondura de la noche
nace un quejido silencioso, que emerge
del alma,
que cierra mis párpados,
buscando sentir cada minuto de vida
Cada te quiero que susurras en mi oído
es un resucitar de la primavera,
y en cada beso,
mi alma teje un arcoíris de sueños
que espera respuestas, en ese aire
que acerca tus suspiros.
No sé si escuchas el movimiento de mis manos
que anhelan el abrazo,
Si no llegas, los pájaros hacen nido en ellas
para dejar en mis dedos
ese aleteo de vida y vuelo en libertad,
Te amé a destiempo, ¿y qué?
en aquella etapa en la que me amaste
el cielo fue mucho más azul.

EL ESPEJO

Asoma tu imagen desde la quietud de los cristales, y al mirarte
siento el frio y la desnudez que deja la ausencia

Oigo la música y la mística de los cuerpos, que dibujan al acari-
ciarse sombras grises sobre la blanca pared, recordando las danzas
primitivas

En los amaneceres llegan los pájaros, colándose la luz del día que
atraviesa mi ventana abrazando mi cama, besando mis ojos que
parpadean asombrados al sentirte.

No hay sombras no hay soledad, estás en los espejos de casa y en
lo más tierno y cálido de mí
Cantan los pájaros.

MAREAS

Mareas dentro de mis entrañas,
oleaje perverso con sed de ti,
plantas que trepan tu piel,
hoguera y música
desplazando la ausencia,
habitando las profundas grietas...
besos de agua
yo mujer, concebida para amar.

HAY LÍMITES

Hay límites que solo guardan tus manos
y luces que se abren tras tus pasos,
La humedad es una canción conocida, que
suena en la voz ronca de las caracolas.
El océano tiene nombres que solo nombran las
mareas.

EN MI PIEL

A su conjuro acuden los pájaros más tristes,
sobre tu piel que nace cada día
Antonio Porpetta.

En mi piel llevo marcadas las heridas de la vida,
y en el alma la certeza del tránsito,
nombrarlo no me asusta
pero si siento dolor, por las ausencias que sufriré
Sé que sobre mi cuerpo no se derramarán más
los rayos de sol.
tampoco la luna escribirá en mi piel,
su conjuro de amor,
Espero ver ese día la claridad de la vida,
poder romper la piel que envuelve los ocultos misterios
y abrazarme a ellos.
Caminar feliz sobre las estrellas
o danzar en los picos de la luna,
No he logrado nunca descifrar el lenguaje
de los pájaros cantores,
Ni abrazado el latido y desperezo de la naturaleza
cada mañana.
Desde que era pequeña, sueño con abrazar un árbol
ese árbol grande que me ha proporcionado sombra
cuando me quemaba el sol.
Hoy después de años de ausencia, mi alma grita por abrazar

a los que me acompañaron y partieron
yo sé que triunfará la vida
que la muerte es solo eso, un tránsito
dormir con placidez para vivir en plenitud
A ti que me enamoraste y compartiste mi vida con tu música
elevo como canción silenciosa mi voz.
A ti que me regalaste rosas que no se han marchitado
y, risas que calaron mi médula haciéndome feliz.
A Dios que guía mis pasos
dejo aquí mi esperanza y mi gratitud en aleluyas

ALEJAR

Me haré fuerte para alejar los miedos,
cerraré la garganta al grito,
me negaré a pisar la lengua,
a silenciar la protesta,
No quiero oír tristeza en la canción,
ni la voz que nace sin alas,
no a la palidez que viste la amapola.
a la llama que titubeante se dobla
a la muerta imaginación,
Daré la espalda al hombre sin rostro,
a la falsa mirada,
al temblor de la muerte,
al adiós…

COMO CADA DÍA

Como siempre asoma mañana,
y como siempre,
trae consigo un ramo de secretos
llega a mi casa cargando ¡todos los vientos!
toda la luz...
y con tapas de nácar, el libro que fijará mi vida,
mi comunión con vosotros
--si mis manos quedan o no vacías--
En ese libro de nácar,
quedarán grabadas todas mis alegrías,
el paso de cada momento...
mis dudas, mis miedos lágrimas y risas.

Mi historia al aire quedará hilvanada,
con este guiño que lanzo a la vida
bien cosida quedará, ¡mi gratitud!
siempre...
por el mapa de piel y el amor que me cobija
si miro el espejo, este me regala
galaxias no descubiertas,
números no registrados,
y una música inédita que se expande
por todo el universo,
anegando mi memoria con su magistral eco.

¿Tienen voz los silencios?
Mordaza las palabras?
Estas aúllan bebiendo lágrimas

LEJOS

Más allá de lo que alcanza la mirada
descubro la trascendencia del ser,
la infinitud de lo creado
la grandeza de ser hombre,
y la fuerza para sostener con firmeza
los pilares de mi vida.

No toda la síntesis de ella es gélida
ni todo son lágrimas tumultuosas que me ahogan,
hay en mi esencia ecos de risas luminosas,
de abrazos de fuego,
latidos de un corazón vivo, activo
y oxigenado de caricias...

EL REGALO DE LA VIDA

Que la vida es un privilegio, lo sé
que formamos parte del universo
y que este nos abraza, lo sé
sé que nos ata con ojales de ternura,
y nos regala toda su inmensidad,
que nos enseña a compartir
a descubrir el amor y la amistad,
a dar justo valor a las cosas
y aunque nos cueste, y a veces...
pase factura de lágrimas,
otras, nos compensa con risas
con manos acogedoras, que
te acarician como palomas,
que nos regala un manto de estrellas
y un mar de azul y nácar, lo sé
que pones en mi boca risas como la tuya
de azucenas
y besos de fuego, lo sé

Por eso es, que doy gracias a la vida.

CALLADO

El viento silente
quiere dejarme pensar...
meditar, sobre el tiempo y la vida
yo busco encontrar de nuevo
el color azul
el calor de las cosas
que me han sido regaladas,
el valor de los sentimientos,
y como estos tornan el invierno en primavera
cuando brotan retoños, en el árbol de la vida.

La soledad no es tal
porque me acompañan
los seres que más he amado,
a los que he pedido perdón
y dado gracias.
Tú querido, eres gigantesco dentro de mí,
nadie sabe lo que hurgo en mi memoria
para acercar mis momentos contigo,
dejaré escrito con verdad
mis versos, y mi agradecimiento a la vida
por las cosas gratuitas,
por lo no olvidado,
y por la fuerza, que no ha permitido
que me hunda en el vacío.

DESCUBRIENDO

Estoy yo,
solo yo
conmigo,
metiéndome dentro,
recorriéndome
para llegar a descubrirme.

.

Tu piel y aliento queda lejos
y aquí estoy sola,
queriendo escribir
un canto a la vida.

Descubro
que como la flor
todo es efímero,
que como el cristal
todo puede quebrarse.

-Y comprendo mi propia debilidad-

En mi hondo interior
hay un lugar, brillante para versos
un humo blanco, que difumina tu imagen,
y la certeza, de que todo termina.

¿.............?

I

Que quedará de mí el día que yo muera?
¿Dónde irán mis emociones?
quizás si algo quedara, serán mis versos,
posiblemente, lloverán suspiros en nubes de agua,
pero de cuanto sentí por vosotros,
¿ que guardará
Quizás un difuminado recuerdo?
Por eso me pregunto ¿Dónde quedarán mis huesos?

II

Sé, que quedarán aquí
en esta tierra que amo,
pero los sentimientos, los sueños
los anhelos ¿dónde?
¿Dónde quedarán?

SI TÚ QUIERES

Si Tú quieres, mañana será diferente,
en mis manos no sentiré la culpa
ni romperé con enojo, las dulces notas del violín
mis alas que ahora están plegadas
necesitan abrirse, tocar el aire
y como un bostezo diluirse en la luz
para llegar al arroyo de Tu palabra.
Es preciso que desgarre el velo
que me oculta Tu rostro
dejar que me penetre la música de tu voz
Que fluya en mí un corazón orante
arrepentido
confiado
y que sepa descubrir cómo fue nuestro encuentro...
--si éste me cambió la vida—
                    --hoy no lo siento--
sé que he de estar alerta para descubrirte de nuevo
y arrodillarme en tus altares.

www.ingramcontent.com/pod-product-compliance
Lightning Source LLC
La Vergne TN
LVHW091548170726
843492LV00007B/2105